udet, Alphonse

phonse Daudet. L'Enterrement d'une étoile... [Texte imprimé].-Paris : Borel, 1896.- In-32, 123 fig.

uvelles Collections Guillaume. Lotus bleu

8 Y2 49913

ALPHONSE DAUDET

L'Enterrement d'une Étoile

PARIS
LIBRAIRIE BOREL
E. GUILLAUME, DIRECTEUR
21, Quai Malaquais, 21

M DCCC XCVI

8.Y²
49913

L'Enterrement d'une Étoile

Nouvelles Collections Guillaume
"LOTUS BLEU"

ALPHONSE DAUDET

L'Enterrement d'une Étoile

Illustrations de Luigi Rossi

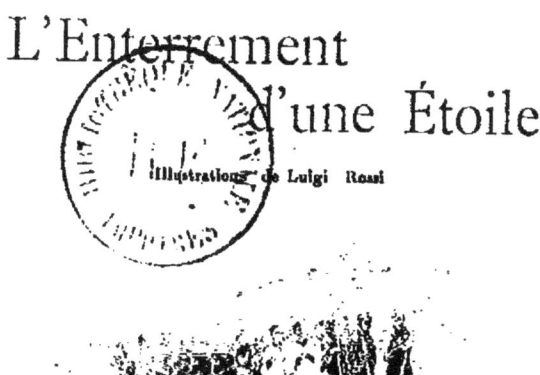

PARIS
LIBRAIRIE BOREL
E. GUILLAUME, DIRECTEUR
21, Quai Malaquais, 21

Tous droits réservés

*Droits de reproduction
et de traduction réservés pour
tous les pays,
y compris la Suède, la Norvège
et le Danemark.*

IL A ÉTÉ TIRÉ DE CET OUVRAGE

Quelques exemplaires sur papier teinté
Primevère

50 exemplaires numérotés, sur papier du *Japon* ; 50 exemplaires numérotés sur papier de *Chine*.

L'Enterrement d'une Étoile

I

— François, c'est M. Veillon !

A cet appel vivement envoyé par la svelte jeune femme apparue entre les bacs fleuris du perron, François du Bréau se dressa sur la pelouse où il jouait avec sa petite fille et vint au-devant du visiteur, une main tendue, l'autre calant sur son épaule l'enfant qui riait et jetait ses petits pieds chaussés de rose dans le soleil.

— Ah! c'est M. Veillon... eh bien, il sera reçu, M. Veillon... Si ce n'est pas honteux ! trois mois sans venir à Château-Frayé, sans donner une fois de ses...

Il s'arrêta au bas des marches, saisi par l'expression gênée, angoissée, quelque chose de confus et de fuyard que la nécessité de mentir donnait à la ronde figure, bonasse et moustachue, du meilleur et plus ancien compagnon de sa jeunesse.

— Tu veux me parler ?

— Oui... pas devant ta femme.

Ce fut dit, glissé dans l'échange nerveux d'une poignée de main ; mais jusqu'au déjeuner, les deux amis ne purent se trouver seuls une minute. Quand la nourrice eut emporté « Mademoiselle », toutes ses grâces faites au monsieur, il fallut explorer la propriété très changée, très embellie depuis ces derniers mois. Ce Château-Frayé, dont la famille de Mme du Bréau portait le nom, était un très ancien domaine, moitié donjon, moitié raffinerie, flanqué d'une tour massive et d'un parc aux verdures féodales où fumait une cheminée géante sur des plaines infinies de blé, d'orge et de betteraves; sans le halo rougeâtre que Paris allumait chaque soir à l'horizon, on aurait pu se croire au fond de l'Artois ou de la Sologne. Là, depuis deux ans, depuis leur mariage, le marquis du Bréau et sa jeune femme, « son petit Château-Frayé », comme il l'appelait, vivaient dans une solitude aussi exclusive que leur amour.

Au moment de se mettre à table, nouvelle apparition de la nourrice qui venait chercher madame pour l'enfant.

— Un type, cette nounou,

dit la jeune mère sans plus s'émouvoir, c'est la paysanne à scrupules... avec elle on n'a jamais fini... Déjeunez, messieurs, je vous en prie, ne m'attendez pas.

Et elle avait, en quittant la table, un joli sourire de sécurité dans le bonheur. Derrière elle, tout de suite, le mari demanda :

— Qu'y a-t-il ?

— Louise est morte, dit l'ami gravement.

L'autre ne comprit pas d'abord.

— Eh ! oui... Loulou... La Fédor, voyons.

Nerveusement, par-dessus la table, François saisit la main de son ami.

— Morte! tu es sûr?...

Et l'ami affirmant de nouveau d'un implacable signe de tête, du Bréau eut, non pas un soupir, mais un cri, une bramée de soulagement :

— Enfin!

C'était si férocement égoïste, cet élan de joie devant la mort... surtout une femme comme la Fédor... l'actrice célèbre, admirée, désirée de tous, et qu'il avait gardée six ans contre son cœur ; il se sentit honteux et gêné, s'expliqua :

— C'est horrible, n'est-ce pas? mais si tu savais comme elle m'a rendu malheureux, au moment de la séparation, avec ses lettres folles, ses menaces, ses stations sans fin devant ma porte... Six mois avant mon mariage, dix mois, quinze mois après, j'ai vécu dans l'épouvante et l'horreur, ne rêvant qu'assassinat, suicide, vitriol et revolver... Elle avait juré de mourir, mais de tout tuer auparavant... l'homme, la femme, même l'enfant, si j'en avais un. Et pour qui la connaissait bien, ces menaces n'avaient rien d'invraisemblable. Je n'osais conduire ma pauvre femme nulle part, ni sortir à pied avec elle, sans craindre quelque scène ridicule ou tragique... Et pourquoi cela? Quel droit prétendait-elle sur ma vie? Je ne lui devais rien, du moins pas

....

plus que les autres, que tant d'autres... J'avais eu trop d'égards, voilà tout. Et puis j'étais jeune, et pas de son monde d'auteurs et de cabotins. On attendait plus de moi... peut-être le mariage et mon nom... ça s'est vu. Ah! pauvre Loulou, je ne lui en veux plus; mais ce qu'elle m'a embêté!... Mes amis s'étonnaient de ce voyage de noces interminable; ils peuvent se l'expliquer maintenant, et pourquoi, au lieu de rentrer dans Paris, je suis venu m'enfermer ici, pris d'une passion subite pour la grande culture. Encore n'étais-je pas toujours tranquille, et lorsque le timbre de la grand'porte sur la route sonnait très fort ou à des heures insolites, mon cœur sautait dans ma poitrine, je me disais : « La voilà ! »

Veillon qui, tout en mangeant d'un robuste appétit, écoutait attentivement ces confidences entrecoupées des va-et-vient du service, dit à François sur un ton de reproche :

— Eh bien, maintenant, tu pourras dormir tranquille... elle est morte avant-hier à Wissous, chez sa sœur qui l'avait recueillie, il y a quatre mois, quand sa maladie s'est aggravée.

Du Bréau tressaillit douloureusement... Malade, et tout

près de lui, quelques lieues à peine, sans qu'il en eût rien su...

— Comment l'as-tu appris, toi, qu'elle était là ?

— C'est elle qui m'a écrit de venir la voir. Je l'ai trouvée dans le milieu le plus bourgeois, le plus contraire à sa nature, chez Marie Fédor, l'ancien prix de tragédie, devenue Mme Restouble, femme du notaire de Wissous.

— Mais elles se détestaient...

— Oh ! Loulou était bien injuste. Elle en voulait à sa sœur d'avoir renoncé à la vie de théâtre pour épouser son étudiant des beaux jours du Conservatoire.

Du Bréau se mit à rire :

— Son étudiant ?... lequel ? elle en avait plus de vingt ?...

— Elle n'en a toujours épousé qu'un, Maître Restouble, dont les panonceaux reluisent sur la plus coquette maison de Wissous depuis je ne sais combien de générations. C'est là que j'ai retrouvé ton ancienne.

— Pourquoi ne m'en as-tu pas parlé ?

— Parce que tu es marié, que tu aimes ta femme... tout ce passé n'avait rien d'intéressant pour toi... Seulement, aujourd'hui...

Veillon hésita une seconde, puis très froid toujours, mais avec le tremblement de sa grosse moustache brune :

— L'enterrement est pour trois heures... Je me suis promis que tu serais là...

François du Bréau n'eut pas le temps de répondre ; sa femme venait d'entrer, moins radieuse que tout à l'heure, une inquiétude au fond de ses jolis yeux. Pour une fois, la nourrice avait raison ; les paupières de l'enfant étaient brûlantes et aussi ses petites mains.

Oh ! ce ne sera rien, ajouta vivement la mère, se méprenant à la gêne consternée qu'elle devinait autour de la table.

— Aussi n'est-ce pas cela qui nous préoccupe, dit le mari ; mais je viens d'apprendre une mort... quelqu'un que j'ai beaucoup connu.

— Qui donc ?

Veillon vint en aide à son ami. Il s'agissait d'un de leurs anciens de Louis-le-Grand, Georges Hofer, chez qui, dans leur jeunesse, ils venaient quelquefois déjeuner le dimanche... Ses parents, de grands fabricants de bière, avaient leur usine en face, de l'autre côté de la Seine, dans ces immenses plaines qui vont jusqu'à Montlhéry. Il était mort là, on allait l'y enterrer.

Mme du Bréau regarda son mari :

— Tu ne m'en as jamais parlé, de ce Georges Hofer ?

Il répondit :

— Il y a longtemps que je ne le voyais plus.

Veillon ajouta, très sérieux :

— C'est égal... tu feras bien de venir.

Et la femme, plus gravement encore :

— Il faut y aller, mon ami.

L'accent de pitié, de douceur, dont elle dit cela, les saisit tous les deux. Ils en parlaient une heure après dans le train de la Grande Ceinture qui les emmenait à Juvisy, où commencent les plaines de Wissous.

— Crois-tu qu'elle se soit doutée de quelque chose? s'informait Veillon.

Du Bréau, lui, ne le pensait pas.

— Elle me l'aurait dit. C'est une limpide, une vibrante, incapable de rien cacher... La Fédor disait quelquefois : « Je suis un brave homme, on peut se fier à moi. » Brave homme, je veux bien, mais une sacrée femelle tout de même, et qui, née dans le ruisseau, n'ayant jamais eu pour se conduire que ses instincts de fille ou de cabotine, s'imaginait que toutes les femmes lui ressemblaient, en plus bête et plus méchant, et aurait voulu me le faire croire... Si je n'avais pas eu la chance de rencontrer mon petit Château-Frayé et de m'en toquer tout de suite, ma foi !... j'aurais peut-être fini par l'épouser.

— Tu n'en aurais toujours pas eu pour bien longtemps, murmura Veillon dans un sourire navré. La pauvre Louise était condamnée.

— Mais enfin de quoi est-elle morte ? Je l'avais laissée en pleine santé, en pleine force.

L'ami, accoudé à la portière et regardant dehors, bredouilla quelques mots sous sa moustache : épuisement, bronchite mal soignée... on ne savait au juste. Il y eut un instant de silence; puis, sur l'annonce de la station de Juvisy :

— Il faut descendre, dit Veillon, nous ferons le reste du chemin à pied.

Sous un ciel de juillet, embrasé et blanc, un ciel de soleil fondu, le pavé du roi, comme on l'appelle encore, déroulait son interminable chaussée, bordée d'ormes rachitiques et de bornes monumentales. De distance en distance, le long des fossés à l'herbe rase et roussie, une borne de pierre, une croix de fer commémorative marquaient la place où un tel, maraîcher de tel endroit, en Seine-et-Oise, rentrant des Halles de Paris, était mort écrasé par les roues de sa charrette.

— Fatigue ou boisson, quelquefois les deux... murmura Veillon.

Et du Bréan, d'un air détaché:

....

— A propos de boisson, et le musicien de Louise, en a-t-on des nouvelles? Tu sais, ce Desvarennes, le chef d'orchestre qui l'a enfin consolée de son veuvage? Il paraît qu'ils se battaient et se soûlaient d'absinthe tous les soirs.

Veillon se retourna brusquement :

— Qui a dit ça? Qui l'a vu? Et puis, quand cela serait? La Fédor n'en a pas moins été une artiste de grand talent, une belle et bonne fille qui t'a aimé du mieux qu'elle a su, ce qui vaut bien les deux ou trois heures de ton temps que tu lui donnes aujourd'hui...

Le pavé du roi franchi, les deux amis s'engagèrent sur un de ces innombrables chemins de campagne, tout brûlants et craquants de poussière entassée, qui s'entre-croisaient à perte de vue dans ces champs de seigle et de blé, éblouis et papillotants sous le soleil. L'air flambait. Çà et là l'aiguille d'un clocher, une rangée d'arbres, le crépi lumineux d'une muraille interrompaient la ligne uniforme de l'horizon ; mais jamais le chemin qu'ils suivaient n'allait dans la direction de ce clocher, de cette muraille.

— Tu ne vas pas nous perdre? fit du Bréau s'adressant à son compagnon arrêté

....

devant un poteau indicateur, à un tournant de route.

Veillon le rassura ; il connaissait très bien le chemin de Wissous à Château-Frayé, l'ayant fait récemment encore avec Louise.

— Car, figure-toi, mon cher, qu'en se réfugiant chez sa sœur qu'elle détestait, qu'elle croyait sa plus mortelle ennemie, la pauvre fille n'avait qu'un but, une espérance, te revoir. Dès ma première visite, elle m'en parlait : « Vous comprenez, mon petit Veillon, me disait-elle avec cette grâce ingénue que lui avait rendue la souffrance, ce n'était pas possible qu'il vînt chez moi, quand je vivais mal, dans le vice et dans la bohème ; mais ici, chez des gens mariés, chez un magistrat — ma sœur me le répète-t-elle assez, bon Dieu de Dieu, que son mari est magistrat — rien ne peut l'empêcher, n'est-ce pas? » Ah! la malheureuse, pour lui persuader qu'elle rêvait une chose impossible, que l'honnête homme que tu étais ne pouvait faire cela, ne le ferait pas certainement, le mal que j'ai eu... d'ailleurs sans la convaincre...

Du Bréau, qui s'était arrêté pour allumer une cigarette, murmura au bout d'un moment :

— Pourquoi se voir, d'abord ? Qu'aurions-nous pu nous dire ?

— Oh ! je sais bien ce qu'elle t'aurait dit, et pourquoi elle aurait tant tenu à te voir avant de mourir.

— Pourquoi ?

— Elle aurait voulu te demander pardon... Oui, pardon de ses lettres, de ses menaces, de toutes les démences dont elle te persécutait. Je t'avoue que devant sa détresse, ses remords, je lui ai menti abominablement, à cette pauvre Loulou, lui faisant accroire que tout était pardonné, oublié. Mais si tu penses que je m'en suis débarrassé avec cela ! Quand elle a eu bien compris que tu ne viendrais pas à

....
Wissous, que tu n'y pouvais pas venir, alors ç'a été une autre chanson. Ta vie à Château-Frayé, votre installation, si vous faisiez de la musique le soir, si ta petite te ressemble... c'étaient des questions sans fin. Dès que j'arrivais, impossible de lui parler d'autre chose. Puis, un jour, elle nous a déclaré qu'elle voulait voir ta maison, seulement les murs, seulement la cime des arbres. C'est là que j'ai compris combien elle se trompait sur sa sœur. Brisée, malade comme elle était, on ne pouvait pas la mettre en wagon ; elle devait faire toute la route en voiture, allongée sur des coussins. Je

peux dire que Marie Fédor a été d'une douceur, d'une patience admirables, et que, sans elle, jamais Louise n'au-

rait pu satisfaire son caprice. Un vrai voyage fatigant et long. Mais tout lui semblait magique, cette première haleinée du printemps, allègre et

vive, l'herbe nouvelle qui pointait partout dans les champs, tout la grisait. Nous nous sommes arrêtés au Bois-Margot, et là, descendus de voiture, nous avons pris un chemin de traverse, mangé de ronces, ce que les cantonniers appellent une route morte. Ce chemin contourne le parc de Château-Frayé, nous l'avons suivi tous les trois en frôlant les murailles chaudes de soleil. J'avais peur d'être vu par un de tes fermiers ou par quelque ouvrier de la raffinerie; ils me connaissent tous. Heureusement, c'était l'heure du travail. Elle s'exaltait à l'idée que cet immense troupeau dans la plaine, ce berger, ces grands chiens étaient à toi. « Que je m'amuse! Que je suis contente! » disait-elle en battant des mains comme une enfant. Arrivés près de la charmille, son saisissement grandit encore. Tu sais que la muraille, de distance en distance, est remplacée par une haute grille de fer qui laisse voir la double allée de tilleuls séparée d'une large pelouse. Nous étions là regardant derrière les barreaux, aspirant l'odeur de toute cette jeune floraison printanière épanouie sous le soleil, quand je reconnus de loin la voix de ta femme qui arrivait vers nous sous la charmille avec la nourrice et l'enfant... Je n'eus que

....

le temps de m'écarter, laissant
Louise aux bras de sa sœur,
immobile derrière la grille.
Mon regard ne la quittait pas.
Quand ta femme est passée,
reculant à tout petits pas devant sa fille, rien, pas un de
ses traits n'a bougé. Seulement c'était sinistre, ces joues
hâves et décharnées, ce masque de mort guettant à travers les barreaux de fer infranchissables ce qu'il y a de plus
beau dans l'existence, tout ce
qui pouvait lui faire envie et
regret, la maternité heureuse,
la jeunesse. Par exemple, lorsqu'elle a vu venir la petite,
trottant et petonnant dans sa
longue blouse, quelle illumination sur cette pauvre figure

....

d'incurable! Elle riait, elle pleurait et disait tout bas à sa sœur en s'essuyant les yeux : « Mais regarde-la donc, la chérie!... elle a les cheveux du même blond que son père, et elle frise comme lui. Oh! la mignonne... la mignonne! » Son émotion était si vive, toute tremblante, les mains tendues, il a fallu l'arracher de là, l'entraîner vers la voiture où elle est tombée sans forces. Au retour, elle ne prononça pas un mot de toute la route; resta les yeux fermés, aspirant un bouquet de fleurs jaunes, du grand tulipier qui dépasse le mur de la raffinerie. Le dimanche suivant, quand j'arrivai — j'avais pris l'habitude de venir la voir tous les dimanches — je la trouvai comme toujours au fond du jardin, allongée dans un grand fauteuil d'un vert pâle, où sa figure ombrée, ses bras minces, ses longues mains prenaient un aspect lamentable d'épuisement. Il m'a semblé la voir dans ce dernier acte de la *Dame*, où Desclée seule lui était comparable. « Je ne recommencerai plus, me dit-elle à propos de sa visite à Château-Frayé... J'ai trop souffert, je suis cassée... » Et baissant la voix à cause du jardinier qui ratissait tout près de nous : « Ma sœur savait bien ce qu'elle faisait en me donnant l'idée de ce voyage... elle m'a retourné le couteau dans le cœur, la lame y est restée... » Enfin, crois-tu si c'est de l'injustice ! Cette malheureuse Marie Fédor, ce dévouement de toutes les heures, la soupçonner d'une machination pareille, d'une perfidie aussi compliquée... Du reste, tu vas la voir, Mme Restouble, tu te rendras compte que c'est une bonne et charmante femme, ressemblant aussi peu au monstre dont Louise nous parlait que la jolie maison que voici n'a l'apparence du bagne où la pauvre fille prétendait s'être enfermée par amour de toi. Nous y sommes, tu peux juger.

Tout à l'entrée du village, le très ancien logis du notaire, avec ses murs blanchis à neuf, ses persiennes fraîches peintes, ses panonceaux étincelants, se dressait étroit et bas après une petite cour toute fleurie et rougeoyante d'une énorme corbeille de géraniums. Malgré le deuil de la maison et le drap noir qui encadrait la porte, l'étude, très achalandée, n'avait pas chômé ce jour-là. et par les persiennes seulement entrecloses on apercevait des profils sur des paperasses, on entendait une voix jeune dictant un acte parmi le grincement des plumes d'oie qui grossoyaient.

Dans le corridor du bas, au sonore et frais dallage, un tréteau préparé attendait le cercueil ; tout au bout, une porte vitrée permettait d'entrevoir les allées vertes du jardin et les noires silhouettes des invités.

— Reste ici, dit Veillon en laissant son ami dans la cour... le cercueil n'est pas encore descendu... Je vais demander qu'on nous la laisse voir. Je crois qu'il est encore temps.

Tout ému par la pensée de

....
cette suprême entrevue, du Bréau commençait à s'impatienter de tourner autour des géraniums, en entendant chuchoter dans son dos les clercs de l'étude.

— Nous montons? demanda-t-il à son ami, enfin apparu sous la draperie funèbre.

Veillon balbutia :

— C'est inutile... *on ne peut pas... c'est trop tard.*

L'autre, sans prendre garde à son embarras, proposa tout naturellement de passer dans le jardin avec tout le monde; il n'était peut-être pas fâché, en définitive, d'échapper à cette confrontation douloureuse qu'il s'imposait un peu comme un devoir, après ce qu'il venait d'apprendre des derniers jours de Louise et l'espèce de sacrifice qu'elle lui avait fait en venant vivre et mourir chez sa sœur. Mais sa stupéfaction fut grande de voir Veillon, au lieu de passer devant, rester immobile et décontenancé devant lui, comme pour l'empêcher d'aller plus loin.

— Quoi donc? fit-il enfin.

Et l'ami, cherchant ses mots, la voix et le regard gênés :

— Mon cher, c'est absurde... tu sais dans quel état le chagrin met les femmes... Voilà que Marie Fédor, Mme Restouble, si aimable ordinairement, t'en veut d'avoir laissé mourir sa sœur sans être venu une fois... J'ai eu beau lui dire et redire sur tous les tons que tu ne le pouvais pas, que même ta démarche d'aujourd'hui était une imprudence vis-à-vis de ta femme et de votre bonheur... Inutile! Elle est furieuse, elle ne veut pas te voir; elle ne descendrait plutôt pas.

— Alors, quoi... Il faut que je m'en aille?...

Veillon hésitait :

— Je ne sais que te dire... Quand je pense que je t'ai fait faire cette longue route et qu'on ne te laisse même pas le droit...

— D'aller jusqu'au cimetière, dit François du Bréau

en souriant tristement... Que veux-tu? cela est peut-être mieux ainsi... Je m'en vais revenir chez nous tout doucement par les mêmes grandes plaines, en me remémorant ces quelques années, ce triste lambeau de ma vie qu'ils sont en train d'ensevelir là-haut...

Il levait les yeux vers une des fenêtres du premier étage, dont le rideau blanc, curieusement écarté, retomba tout aussitôt contre la vitre. La sœur de Louise guettait l'effet de son refus; rester là plus longtemps eût été vraiment trop lâche.

— Mais c'est impossible, tu ne peux pas t'en aller seul,

dit Veillon accompagnant son ami vers la rue... Nous allons revenir ensemble.

— Non, non... Reste, je le veux. Il faut que tu sois là, que tu me remplaces jusqu'à la fin, surtout s'il est vrai — comme tu dis — que la malheureuse fille ait pensé à moi dans ses derniers moments... Allons, rentre vite, et à bientôt. Maintenant nous te reverrons le dimanche, j'imagine...

Du Bréau repoussa la grille en bois de l'entrée, et, plus

44 L'ENTERREMENT

....

ému qu'il n'aurait voulu le paraître, s'éloigna de l'étude à grands pas.

II

Hommes et bêtes, tout le village, à cette heure, était dans les champs. Où? dans quels champs? sans doute entre ces plis du terrain où les troupeaux couchés tiennent de loin la place d'un sillon, les hommes, au repos, celle d'une ornière; car il n'avait vu en venant, par toute la plaine embrasée et déserte, qu'un immense battement de lumière. Après quelques ruelles blanches et silencieuses, aux maisons basses, au cailloutis inégal, où la chaleur mêlée à des relents d'étable et de basse-cour tombait plus lourde qu'en rase campagne, tout à coup il se trouva devant l'église, une vieille église trapue, avec son portail roman drapé de tentures noires aux mêmes lettres d'argent L. F. qu'il venait de voir sur la maison du notaire. Une croix de pierre, entourée d'un quinconce de tilleuls rubougris, lourds et immuables comme elle, faisait face au portail de l'église. Tout autour, sur l'étroite place, deux roulottes dételées, restées là depuis la fête du pays, dormaient dans l'atmosphère pesante. Quatre heures sonnèrent; et sitôt après, les notes d'un glas, lentes, espacées, tombées du clocher une à une, annoncèrent l'approche du convoi. Une envie subite lui vint de le regarder passer. Mais où se mettre pour ne pas être vu? Dans un coin de la place, derrière quelques caisses de lauriers-roses, il avisa un cabaret moisi où l'on arrivait par quatre marches. Il entra, se fit servir près d'une fenêtre. Deux roulottiers blafards, à têtes d'aventures, buvaient debout devant le comptoir, surveillant du coin de l'œil leurs maringotes dételées sous les arbres de la place et se contant tout haut leurs détresses, les grandes et petites misères du métier.

En arrivant, du Bréau entendit le plus âgé dire à l'autre d'un accent de certitude et d'expérience :

— Mets des épaulettes à ton Jean-Jean, ça te fera le colonel qui te manque...

Tout de suite il songea comme Louise aurait ri de ce mot d'impresario forain, elle qui les aimait tant, ces Delobelle de grande route. Et

....
justement il y avait à une
table voisine de la sienne un
homme à menton bleu, répon-
dant, lui aussi, à cette caté-
gorie de cabotins bohèmes,
un peu moins minable cependant. Au lieu de porter les
espadrilles et la vareuse en
papier brûlé des deux roulottiers, celui-ci était chaussé
de souliers vernis, de guêtres
blanches, vêtu de drap noir
tout neuf, et coiffé très en
arrière d'un haute forme à
bords plats endeuillé d'un
immense crêpe qui laissait à
découvert, sous des boucles
grisonnantes et comme pou-
drées, un grand front blême
en pyramide, des yeux rougis,
brûlés d'alcool, des joues flas-

ques et flottantes, sabrées de
ces rides profondes que creuse
l'ablation des grosses dents;
une majestueuse cravate blan-
che d'homme de loi de l'ancien
temps achevait de singulariser
le personnage, sirotant à petits coups dans un verre, épais
et lourd comme une tasse, une
purée d'absinthe que lui dis-
putait un tourbillon de guêpes.
En face de lui, une gamine
de dix à douze ans, en noir
comme son père, les mêmes
traits fripés et bouffis, les
mêmes yeux larmoyants, était
assise entre deux tout petits
garçons en deuil aussi, et
vêtus comme des hommes,
sur lesquels la grande sœur
veillait avec une autorité et

des précautions de maman, coupant leur pain, remplissant leurs verres, détaillant le fromage en parts égales et, dans son empressement à donner la becquée à ses petits affamés oubliant qu'elle non plus n'avait rien mangé ni bu, depuis le matin. Autour du grand quartier de brie posé devant eux sur la table entre une miche et un litre, tout un essaim de guêpes bourdonnait comme aux bords de l'absinthe paternelle ; mais bien loin de gêner l'appétit des enfants, l'adresse de leur père à faucher les guêpes au vol avec le couteau au fromage, à les couper en deux malgré le tremblement alcoolique de ses mains, les divertissait prodigieusement; et les yeux élargis, la bouche pleine, ils se délectaient à regarder ces guêpes, le corps tranché en deux, ne tenant plus que par une membrane, traîner, tortiller leur agonie sur le bord de l'assiette au brie, toute noire de cette grouillante jonchée. Du Bréau prêtait à cette scène enfantine la minutieuse attention que notre esprit apporte aux choses infimes lorsqu'il est fortement préoccupé. Soudain l'homme aux guêtres blanches, son chapeau d'une main, de l'autre son verre d'absinthe, s'avança vers lui avec des révérences et des pointes de maître à danser, vacillantes et trébuchantes.

— Marquis François du Bréau, si je ne me trompe?... Je vous ai reconnu tout de suite quand vous êtes entré, au portrait que Louise avait toujours sur elle.

Il s'interrompit pour poser son verre sur la table de du Bréau devenu subitement très pâle et se présenta la voix prétentieuse et poisseuse :

— Desvarennes, chef d'orchestre, le musicien Desvarennes, élève de M. Niedermeyer, l'auteur du *Lac* de Lamartine, moi-même compositeur de plusieurs mélodies..., mais pardon, monsieur le marquis, je vous dérange. Vous désirez peut-être aller rejoindre le cortège... non, n'est-ce pas? On a dû vous jouer la même farce qu'à nous; défense de suivre... Et pourquoi?... Moi, encore, ça se comprend; j'ai été le vice de Loulou, son abjection... Mais vous, mais ces pauvres enfants..., car c'est ma progéniture, ce grand laideron à tête de lapin malade et ces ridicules petits gauchos dont les pantalons traînent jusqu'à terre... pourquoi les punir, je vous demande, pourquoi ne pas les laisser accompagner jusqu'au bout celle qui leur a été si tendre?... Ce n'est pas à cause de leur mauvaise tenue? Pigez-moi ça, monsieur le marquis, la smala

s'est habillée de neuf des
pieds à la tête pour la céré-
monie... Plus un radis à la
maison ; j'ai tout raclé, tout
mis au clou pour que le deuil
de notre amie soit dignement
porté. Comme je le disais à la
petite tout à l'heure : « Que
tes frères ne me demandent
pas pour un sou de pain de
plus, je ne pourrais pas le
leur donner... »

Il humecta l'âpreté de cette
déclaration d'une forte lampée
d'absinthe et reprit :

— Je ne regrette pas cette
dépense, les enfants doivent
porter le deuil de leur mère
et Louise Fédor a été une
vraie mère pour ceux-ci...
C'est même à cause d'eux que

....

je suis devenu son... son... enfin ce que j'étais. Car il est extraordinaire qu'un pauvre musico, un misérable raté comme moi ait pu devenir l'amant de cette grande artiste, de cette créature adorable qui a eu des banquiers, des rois, des princes à quatre pattes sur sa descente de lit et les plus grands noms du théâtre au bas des lettres d'amour les plus éperdues... Voici exactement l'histoire de cette rare bonne fortune. C'était quelques mois après sa fugue de la Comédie-Française; malgré tout, elle avait dû accepter, faute d'argent, une tournée de villes d'eaux, Vichy, Royat, Aix-les-Bains, où elle jouait quelques-uns de ses plus grands succès, *Dora, Froufrou, Diane de Lys, la Visite*. Il se trouva qu'à cette époque je dirigeais l'orchestre de Vichy, sans beaucoup d'entrain, je dois le dire. Ma femme venait de me lâcher pour courir après mon premier violon, lequel, lui, se moquait un peu de Mme Desvarennes et ne songeait qu'à tripoter le carton. Toujours me voilà seul à l'hôtel avec mes trois petits, dont les deux derniers, les garçons, parlaient et marchaient à peine. Heureusement la sœur avait neuf ans; à cet âge, selon la retourne, elles sont déjà ou gadoues ou mamans. Telle que vous la voyez, celle-là, il

y a deux ans, savait le soir
tremper la soupe au lait des
deux petits frères, puis les
déshabiller, bien les border
dans le lit d'hôtel et lorsqu'elle les avait endormis
d'une belle histoire, craignant
que je me laisse entraîner à
boire après la représentation,
elle venait me rejoindre à
l'orchestre, s'asseyait à mes
pieds sur un petit banc, jusqu'à la fin. Quand la pièce
était longue, je sentais en
battant la mesure sa petite
tête posée sur mes genoux
s'appuyer de plus en plus
lourde. A une répétition de
Froufrou, un jour, la Fédor,
qui ne m'avait jamais parlé,
vint au bord de la scène et

sa main gantée devant ses yeux éblouis par la rampe : « Desvarennes, me dit-elle, envoyez-moi donc ce soir votre fillette dans ma loge, elle y sera mieux pour dormir qu'à l'orchestre et sur vos genoux de bois... » Quand elle eut la sœur, l'idée lui vint que les petits frères couchés tout seuls à l'hôtel pouvaient se réveiller et avoir peur dans leur chambre. Elle prit les petits à dormir chez elle avec la grande ; et une fois qu'elle eut tous les mioches, le père fut de la maison par-dessus le marché... Ah ! femme incomparable, si je t'avais rencontrée plus tôt, que n'aurais-tu pas fait de Gaston Desvarennes, de l'élève préféré de Niedermeyer! mais il était trop tard. A quoi bon des brancards neufs à un attelage fourbu? Le cahier de mélodies, dont cette âme généreuse paya l'impression, n'a été lu de personne, personne n'a entendu mon *oratorio* exécuté à ses frais par la maitrise de Saint-Eustache. Tout cela m'a découragé. Elle n'avait pas non plus grand goût à la vie, la pauvre femme; précisément monsieur le marquis venait de la plaquer, quelques mois auparavant...

Il s'inclina, le verre en main, le bras arrondi comme pour corriger la trivialité de l'expression, puis continua :

— Le réservoir d'énergie,

....

de jeunesse que vous étiez
pour elle depuis des années,
qui lui avait fait un regain de
talent, de succès, lui craquant
tout à coup, elle s'était trouvée
en présence d'une double vieil-
lesse, celle de l'actrice et celle
de la femme. La maladie s'en
mêla. Chez ces dames, je me
suis laissé dire, elle n'est le
plus souvent qu'une forme
visible des gros embêtements,
le deuil des grâces finissantes.
Quand je l'ai connue, la Fédor,
encore plus ennuyée que malade, s'était mise à la mor-
phine. Je lui ai montré ce que
cette drogue avait de bête et
de morne et que, poison pour
poison, rien ne vaut une
bonne verte bien battue...

64 L'ENTERREMENT
....

Il prit la bouteille d'absinthe restée sur la table voisine, et pendant qu'à petits coups grelottants il remplissait son verre

jusqu'au bord, de la place de l'Église arrivaient soudainement des airs funèbres psalmodiés par de fortes voix de campagne, mal écorcées, que

soutenaient les basses de l'ophicléide et la tombée à temps égaux de la cloche de mort :

— Vite, Mélie! fit l'ivrogne se tournant vers sa fille, il n'est que temps; conduis les petits à l'église... Vous laisserez passer tout le monde et vous vous mettrez à genoux dans le fond, bien dans le fond. Seulement, je veux que vous entriez, tu entends. Personne n'a le droit de vous empêcher d'entrer...

Et s'exaltant à l'idée que la même volonté mauvaise pourrait leur interdire l'église, qui leur avait fermé la maison mortuaire, il brandissait le litre qu'il n'avait pas lâché et clamait vers le dehors :

— Ne l'essayez pas, oh ! ne l'essayez pas...

Effrayée de cette voix d'alcool dont les éclats méchants la faisaient si souvent pâlir et sursauter la nuit, la grande sœur se hâta d'emmener ses frères qui, eux, ne songeaient qu'au pain et au fromage restés sur la table à la merci des guêpes et s'en allaient à regret, le cœur gros.

A l'approche du convoi, du Bréau, troublé déjà par l'apparition de Desvarennes, s'était levé très ému, et, s'abritant derrière la fenêtre entr'ouverte, regardait venir sur la place, après la haute croix d'argent, les surplis en double file tremblotante de cierges et de voix, le cercueil porté à bras sous sa draperie frangée. Comme il est lourd, ce sommeil des morts! Dire qu'il fallait quatre hommes robustes et musclés, quatre campagnards faits à la peine et se relayant pour charrier ce rien du tout de femme, cette petite étoile morte, de la maison à l'église et de l'église au cimetière. Subitement, comme si le cercueil s'était ouvert, elle lui apparut, étendue entre les planches étroites, avec le sourire radieux qui trouait sa joue d'une fossette, et la caresse de son regard gris bleu, gris de perle, aux grands cils abaissés, aux paupières meurtries et comme fardées par le plaisir ; mais ce ne fut qu'une vision emportée presque aussitôt par les pitreries de Desvarennes debout à côté de lui, et, de sa voix de blague et d'alcool, dénombrant le cortège à mesure qu'il défilait :

— La famille, messieurs ! Le notaire Restouble, Mme Marie Fédor, son épouse, premier prix de tragédie, et leurs invités... Tous des anciens de Loulou, ces invités... les célèbres seulement... L'Institut, le Conservatoire... mais pas un comédien, même avec la Légion d'honneur... pas de cabotines non plus ; Mme Restouble a le théâtre en horreur... Nous avons cependant

....

le directeur des *Fantaisies*...
et deux vaudevillistes fameux,
Lamboire et Ripault-Babin,
de l'Académie française... Tas
de vieux poseurs!... Je les
entendais, en venant, dans le
wagon, se vanter de la passion qui la brûlait pour chacun
d'eux. Ah! s'ils avaient su devant qui ils parlaient... Aimés
de Loulou! Non, mes bibis,
vous pouvez faire mousser
vos jabots, pas un de vous
qui ait eu cette veine... pas
même ce gros emphysémateux
de directeur, à qui elle a fait
croire qu'il était son premier
amant. D'abord, son premier
amant, elle ne l'a jamais
connu. A un bal d'étudiants,
chez Marie Fédor, une nuit,

un carabin, déguisé en singe, emporta Loulou dans la chambre de sa sœur ; et pendant que la grande Fédor rigolait, la petite se laissait faire en pleurant, sans oser dire qu'elle était vierge, de peur d'avoir l'air d'une dinde. Le voilà, son premier tombeur, celui qu'on n'oublie jamais, ce fut ce gorille anonyme, oui, messieurs, parfaitement...

Il s'animait, clamait, levait son verre, si bien que du Bréau gêné dut s'écarter de la fenêtre et reprendre sa place sur le banc où le pochard vint le rejoindre, harcelant, intarissable :

— Que monsieur le marquis ne s'étonne pas de me

voir si bien renseigné sur notre amie; c'est que je me suis trouvé près d'elle à des heures où le besoin lui venait non plus de bâiller sa vie, comme disait l'autre, mais de la vomir. Ça la prenait le soir, entre chien et loup, dans ce petit entresol du boulevard Poissonnière qui l'a vue des heures immobile sur un fauteuil très bas, avec le roulement continu des voitures sous sa fenêtre. Alors, surtout quand elle avait dans la tête la chaleur d'une bonne verte, il lui montait de son ivresse et de toutes ces lumières du boulevard, seul éclairage de sa chambre, qui papillotaient au fond de son verre, un tas de souvenirs, de confidences involues. J'en ai appris de drôles, ces soirs-là. Mais de plus drôles encore, quand la dèche, la grande dèche venue, la Fédor, ne pouvant plus paraître sur la scène, en fut réduite à écrire à ses anciens. C'est moi, ou, lorsque j'étais pris de boisson, ma grande fille qui portait les lettres. Ces lettres-là, voyez-vous, écrites toujours suivant les goûts du destinataire et dans le sens de sa vanité, étaient de purs chefs-d'œuvre. Bon sang de Dieu! les bosses de rire que *nous nous donnions* quelquefois, quand elle m'en lisait une, avant de la fermer. Par exemple, aux temps les plus durs de sa misère, jamais elle n'a voulu s'adresser à vous. Quelquefois, par jalousie, je la poussais à le faire, alors elle s'emportait : « Non, non, pas celui-là, je l'ai assez bassiné ; et puis il y a de trop bonnes choses entre nous, je ne veux pas le mêler à ces saletés. » Et, quand tout lui a manqué, plutôt que de vous tendre la main, elle a préféré venir s'enfermer ici, chez cette sœur menteuse et méchante, qui l'a toujours détestée pour ses succès, pour son talent, et qui s'est payé en quelques mois tout un arriéré de haine et d'envie. Pauvre Louise ! Un martyre, n'est-ce pas, un martyre abominable, ton existence dans cette maison à façade hypocrite et soignée; ils ont dû te faire mourir à tout petit feu, te retourner sur un côté, puis sur l'autre. Et demain tous les journaux raconteront combien ta grande sœur a été généreuse pour toi. Ils rappelleront son prix de tragédie, bien près de reconnaître que c'était elle la vraie Fédor. Cela lui aura coûté si peu de chose. La peine d'inviter à ton convoi quelques-uns de tes couchers les plus illustres et, vu la rareté des trains, de garder ces vieux célèbres à dîner avec les messieurs du grand reportage. Il n'y a que nous deux qu'on n'a invités à rien du tout, qu'on a même expulsés, les deux précisément que tu as eus le plus près de ton cœur. Oh! pas seulement nous permettre de te suivre jusqu'au cimetière, c'est un peu dégoûtant tout de même, dis, Loulou; dis, ma petite louloute.

Comme si elle avait pu lui répondre du fond de son verre, il se penchait dessus, l'appelait de petits noms tendres. Et enfin, son absinthe vidée d'une lampée, il s'écroula sur la table, tout sanglotant et ronflant.

Dix fois depuis sa rencontre avec ce triste personnage, du Bréau avait eu l'envie de fuir, écœuré de ses révélations, mais retenu quand même par une curiosité mauvaise, le besoin de savoir si cette malheureuse fille avait vraiment souffert à cause de lui. Voyant l'homme endormi, il se levait pour partir, quand un coup d'œil dehors l'obligea d'attendre. Le convoi sortait de l'église, escorté de cloches et de chants ; et tandis qu'il se reformait sur la place, ceux des Parisiens qui, pressés par l'heure du train, ne pouvaient suivre jusqu'au cimetière, venaient saluer la famille ou se faisaient inviter au dernier moment, car Desvarennes ne s'était pas trompé, il y avait un repas des funérailles. Les non privilégiés prenaient la route de la gare avec des airs faussement pressés et des dos de mauvaise humeur. Au milieu d'un groupe de vieux célèbres, l'ancien prix de tragédie agitait ses voiles de deuil. Maître Restouble, parlant à l'ami Veillon, s'épongeait le front dans l'air brûlant; et, sous les lauriers-roses en caisses du petit café, les reporters buvaient des grenadines, en échangeant à haute voix leurs renseignements sur l'étoile qu'on enterrait. Tous très jeunes, ces messieurs n'avaient pas la moindre notion du talent de la Fédor; mais ses aventures galantes, ses frasques de tête et de cœur, ils les savaient sur le bout du doigt, les racontaient ainsi qu'une immonde légende dont l'ancien amant, assis près de la fenêtre ouverte, ne perdait pas un mot, pas une éclaboussure. Il en éprouvait un sentiment de gêne, de dégoût, qui, venant après les récits de Desvarennes, faisaient du martyre de Louise et des férocités de sa sœur les inventions d'un pochard sentimental, l'amenaient à conclure :

— Pourquoi suis-je venu ici ?... Je n'avais rien à y faire.

L'entrée de la petite Mélie, traînant toujours ses frères par la main, le tira de sa songerie. En l'absence des enfants, les guêpes s'étaient emparées du pain et du fromage, du fromage surtout. L'assiette bourdonnait toute noire. Les petits se ruèrent dessus, aidés de la grande sœur, et ce fut une bataille atroce. Enfin quand l'essaim eut pris la fuite, que les enfants furent bien installés, chacun devant une belle tartine de miche tendre, la fillette s'approcha de son père qui ronflait toujours, ramassa le chapeau roulé par terre et, l'ayant essuyé avec soin, le posa sur la table à côté de lui, à la place de la bouteille d'absinthe magiquement disparue, rapportée sur le comptoir. Les regards du monsieur qui se trouvait là, croisant les siens à plusieurs reprises, la gênaient bien un peu pendant son manège de petite maman; mais elle en eut vite pris son parti. Comme elle passait près de lui en retournant vers ses frères, du Bréau saisit son poignet, si mince, si fragile, oh! fragile à faire pleurer, et froissant un billet bleu dans la moiteur de la petite main :

— Pour vos enfants... lui dit-il à voix basse.

Tout de suite, dans la pâleur bouffie et maladive de cette figure de fillette grandie trop vite, un sourire d'une douceur et d'une compréhension adorables jaillit comme un arc-en-ciel qui allait du père endormi, le plus terrible de ses enfants, à l'assiette gloutonne des deux autres: ses yeux rongés, sans cils, roulaient de grosses larmes, et elle s'inclina en murmurant :

— Merci... merci...

II

Quand il sortit, la place de l'église était déserte. Une roulotte attelée y restait seule, prête à partir, et dont la rosse efflanquée essayait d'atteindre les branches basses du quinconce. Sur le pays silencieux, en notes lentes et mourantes, le clocher secouait la fin de son glas, les dernières gouttes restées au fond du bénitier. De loin en loin y répondaient de sourds roulements de tonnerre. Sans doute il aurait mieux valu pour du Bréau laisser passer l'orage qu'il sentait tout proche, à l'embrasement de l'atmosphère, à l'attente, à l'immobilité de tout. Mais rester seulement une minute de plus dans cet affreux Wissous, s'exposer à entendre quelque nouvelle infamie, lui semblait intolérable. Il prit droit devant lui et se trouva presque aussitôt en pleins champs, très étonné de ne pas connaître la plaine immense par laquelle Veillon l'avait amené. Ici des chemins creux, des vallonnements ombragés d'arbres... Un bruit d'essieux et de roues fatigués venait derrière lui ; la dernière roulotte de la fête qui s'en allait. Il s'arrêta pour demander la route de Juvisy.

— Mais vous y tournez le dos, à Juvisy, dit le vieux roulottier assoupi sous l'auvent de sa lourde voiture.

C'était le même qui, devant le comptoir, donnait à son copain de si judicieux conseils sur l'emploi des épaulettes.

Une grande fille rousse, à la voix rauque, aux traits corrects et durs, vêtue d'une jupe et d'une camisole, les pieds nus, poussiéreux, comme chaussés de cendre chaude, était assise à côté de lui et se pencha toute pour voir à qui parlait son père ou son homme, peut-être les deux.

— Si ce monsieur veut monter près de nous, dit-elle sur un ton de commandement pendant que des figures curieuses se montraient aux petites fenêtres de la roulotte, nous détournerons par le Mesnil et nous le mettrons sur sa route... Ce sera plus court qu'une explication, surtout avec l'averse qui chauffe.

Un coup de tonnerre plus violent que les autres et sous lequel le sol vibra comme une peau de tambour décida du Bréau à accepter l'offre de ces pauvres gens, tout fiers d'abriter un Parisien venu, pensaient-ils, pour les obsèques de la comédienne. Il prit un air étonné :

— Une comédienne ?

— Et des fameuses, dit avec fierté le vieux, qui avait été souffleur au Casino de Perpignan... Louise Fédor, de la Comédie-Française. Elle est morte ici, chez un notaire.

On passait devant un haut portail en bois peint, large ouvert et gardé par deux énormes mélèzes dont les branches balayaient le sol.

— Justement, voilà le cimetière, murmura le roulottier.

Ils sont en train de la descendre dans le tombeau de famille... penchez-vous, voyez.

Du manche de son fouet, il montrait au bout de la longue allée, bordée de buis verts et de pierres blanches, un agglomérat de vêtements de deuil et de fronts découverts s'inclinant devant l'étroite chapelle aux vitraux de couleur, aux prétentieuses mosaïques. Il ajouta, pendant que son cheval montait lentement le raidillon, longeant la muraille crépie.

— C'est la plus belle tombe du pays; d'ici Corbeil, on n'en trouverait pas une aussi riche.

De sa voix fruste, rocailleuse, la grande fille l'interrompit brutalement :

— N'empêche qu'à la place de la camarade j'aurais pas aimé être enterrée là dedans. Qu'est-ce qui viendra la chercher ici, qui pourra se douter jamais qu'elle est là, lui jeter en passant un bonjour, un bouquet, ces deux sous de fleurs qu'à Paris, rien qu'avec son nom au bord d'une pierre, elle serait toujours sûre d'avoir ?... Sans compter qu'à Wissous — deux tisons jaunes flambèrent sous les sourcils ardents de la gitane — elle aura un jour sa sœur pour lui faire société, et c'est une sacrée vilaine femme.

— Vraiment ? demanda du

Bréau d'un ton qu'il essayait de rendre indifférent, vous la croyez si méchante que ça?...

Le vieux, les lèvres serrées :

— On ne l'a vue qu'une fois, mais ça suffit. Figurez-vous, monsieur, que cette année...

La voiture continuait à grimper péniblement contre le mur du cimetière d'où montait une voix blafarde, officielle, sonnant faux dans le silence imposant des plaines. Le panégyrique superbe que cette voix proférait sans doute, les phrases qu'elle filait sur quelque ancien dévidoir ministériel, branlant et reluisant, du Bréau était trop loin pour les entendre; mais ce ronron funèbre le faisait penser aux déclamations de Desvarennes, son litre d'absinthe à la main, et les naïves confidences chuchotées à son oreille achevaient de lui serrer le cœur en lui prouvant combien tout ce qu'avait dit l'ivrogne devait être vrai.

— ... Cette année donc, pour la fête du pays, nous donnions *Ali-Baba* et *Geneviève de Brabant*, au bénéfice de Mme Diégo que voici. Le dimanche, dans l'après-midi, nous sommes allés tous deux, comme on fait, offrir aux notables nos programmes et des billets, pour le soir. Chez le notaire, nous avons trouvé les dames sur la terrasse, au fond du jardin, et, dès le premier mot, j'ai compris que c'était inutile, qu'il n'y avait rien à espérer. Alors, du grand

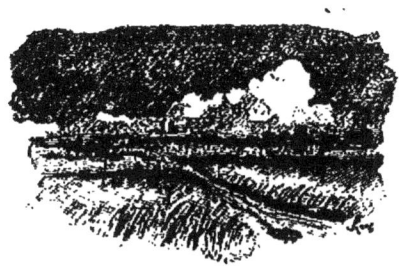

fauteuil de la malade — elle est morte trois jours après — on a vu sortir une petite tête pas plus grosse que le poing, bien creusée, bien changée

....

depuis Perpignan, et qui s'est mise à dire : « Voyons, Maria... voyons, Maria... » Pas plus que cela, mais d'une bouche si bonne, d'une douceur de voix si entrante que la petite et moi nous n'avons pas pu nous retenir de pleurer... Ah! cette Fédor, elle a dû en tirer des larmes aux payants, avec une voix pareille... La femme du notaire, elle, n'y a pas été prise. Elle s'est retournée, comme piquée d'une mauvaise mouche, et elle a jeté à sa sœur : « Dis donc, toi... ce n'est pas ton argent qui danse! » En même temps, son ombrelle nous faisait signe : « La sortie est par là... filez... »

— Et qu'elle aurait bien voulu filer aussi, la pauvre, s'en aller avec nous dans la pagnole des libres mendigos, dit la grande rousse aux pieds poudreux, à la livrée de misère...

On arrivait en haut du raidillon ; la voiture s'engageait dans un petit chemin à travers champs, où il y avait à peine la place de ses roues, et, après quelques minutes d'une course cahotée, elle s'arrêta au croisement de plusieurs routes dont la plus large et la plus droite était celle de Juvisy.

— Si vous allez toujours de ce pas, vous arriverez avant l'orage... cria le vieux bohème à du Bréau qui se hâtait, courait presque, afin d'être seul et loin, d'échapper à l'histoire de cette fin de vie, navrante et obsédante comme un remords.

Eh! oui, maintenant il en avait la preuve... c'est pour lui que Louise était venue vivre chez sa sœur, pour lui qu'elle y souffrit mille morts, dans l'espoir qu'elle le reverrait; mais était-ce possible; tout n'était-il pas fini, brisé depuis longtemps et pour toujours? Il avait beau chercher, sa conscience ne lui reprochait rien.

Tout en songeant et regardant devant lui, il fut brusquement saisi par les transformations du paysage depuis quelques heures. En route avec Veillon, c'était une immense plaine du Midi, éblouie et papillotante sous la lumière d'un grand ciel blond, tout vibrant de chaleur intense ; à présent, sous ce même ciel mais assombri, comme descendu, les colzas en jaunes losanges, le vert cru des champs de betteraves, la rayure rose des sainfoins prenaient un éclat extraordinaire. Tout le décor semblait s'éclairer par en bas, comme dans un paysage du Nord, mais un Nord de plein été, orageux, étouffant, où rien ne bougeait, pas une plume d'oiseau, pas un épi d'avoine. Soudain, loin, très loin, à l'extrémité d'un champ que des faucheurs invisibles se hâtaient de coucher avant l'averse, l'éclair d'un outil flamba sous un rais de soleil blanc, filtré péniblement entre deux épais nuages, et juste au-dessus du cimetière dont la muraille de craie se profilait sur l'horizon, là-bas, derrière lui.

Le temps d'un adieu suprême à celle qui dormait là, il se remit en route, et voilà que ce rayon perdu du couchant, comme il avait frappé l'acier d'une faux lointaine, allait chercher, évoquer au fond de sa mémoire, à neuf ou dix ans de distance, par une similitude de température aussi par l'énervement de son étrange journée, le souvenir de sa première rencontre avec la Fédor, un après-midi d'été. C'était à un raout, une *garden-party* à l'ambassade d'Angleterre. Elle venait de dire *la Fête chez Thérèse* avec cette voix prenante, un peu voilée, ce délicat emportement de tout son être... « Menez-moi à l'air, je meurs... », dit-elle à du Bréau sans le regarder, et, traversant au milieu de la foule ces somptueux salons de l'hôtel Borghèse où flotte dans l'irisement des hautes glaces l'image voluptueuse de la belle Pauline, ils vinrent s'asseoir au bout du jardin, contre la grille qu'un épais rideau de glycines retombantes sépare de la perpétuelle féerie des Champs-Élysées...

Un coup de tonnerre formidable le rappela en quelques secondes à la réalité des choses. Des anneaux de poussière couraient sur la route, soulevés par une haleine chaude sentant le soufre, tandis que du fond de la vallée en face de lui montait au galop de charge un nuage safran, veiné de feu, effrangé, effiloqué sur ses bords en grises déchirures de pluie; deux pigeons blancs, seuls oiseaux dans l'espace, se débattaient, tourbillonnaient en avant de la bourrasque, éperdus, les ailes ouvertes. Presque aussitôt, le chemin s'étoilait à ses pieds de larges gouttes, très espacées d'abord, puis serrées, précipitées ; enfin la nuée se débonda, et jusqu'à Juvisy, jusqu'à la nuit tombante, il marcha sous un ruissellement de flamme et d'eau, glissant, pataugeant dans les flaques, mais sans rien voir, sans rien sentir, tout au ressassement de sa vie avec la grande comédienne et de ce qu'ils appelaient leur amour.

Oh ! cette femme à tout le monde, que les acteurs tutoyaient, à qui le plus bas figurant, le plus sordide chef de claque soufflait des ordures dans le cou, cette femme dont les petits cerceaux encore au biberon, venant chercher leur matérielle à la fin du spectacle, avaient le droit de dire : » Louise a été infecte, ce soir. » Viande de tattersall que, devant lui, n'importe quel maquignon pouvait vanter, détailler du sabot à la crinière, de la croupe jusqu'au garrot. « Où est madame ? » Enfermée avec le directeur, ou en train d'écouter dans sa loge le rôle que lui mijotait l'auteur du jour. Ce qu'il avait ragé, rugi devant cette porte ; et, sur le divan de l'entrée, dans le petit salon bleu où il l'attendait pendant qu'elle était en scène, quelles heures d'angoisse ! Des loges voisines, personne ne le savait là. Alors tous les cabots, hommes et femmes, en s'habillant la porte ouverte, en se passant le rouge ou le blanc gras, parlaient sans se gêner, comme lorsqu'ils sont entre eux. C'étaient le long du corridor des fusées de rires immondes, un argot de bagne, des potins de filles à soldats. Et Louise entendait cela, y répondait sans doute quand elle se trouvait seule, puisque c'était son monde, sa vie, tout le cœur de l'amant se soulevait de dégoût à cette idée. Quelquefois, il descendait sur le théâtre, errait derrière les portants, risée des pompiers et des machinistes, blême et contracturé comme l'auteur un soir de première, car sa maîtresse en scène lui donnait toujours la même crispation. Il se sentait encombrant, ridicule. Mais où aller? Elle jouait tous les soirs, répétait toute la journée au théâtre; et la savoir sans lui dans ce bouge, livrée à tout son caprice, il en serait devenu fou. Elle aussi le voulait toujours là; plus âgée que lui, elle n'en était que plus jalouse et, comme ces ramiers qui passaient tout à l'heure en plein ciel d'orage, longtemps ils s'aimèrent dans les éclairs et l'ouragan. C'est encore ce que leur liaison avait eu de meilleur. Oui, ces scènes abominables, ces colères jusqu'au délire, jusqu'aux coups, tout valait mieux pour lui que l'aveulissement des dernières années, l'enlisement sinistre dans la boue du cabotinage, quand les comédiens l'appelaient « mon petit François », les contrôleurs « monsieur le marquis », et que tous le voyaient déjà mari de la Fédor, gros marchand de billets et commanditaire du théâtre. C'est vers cela qu'il allait, le malheureux, qu'il glissait tout doucement, sans passion, sans joie, par la force aveugle et lâche de l'habitude, — le bercement mortel de la roulotte, — lorsqu'un jour, dans le salon de sa mère, lui était apparue celle qui allait lui apprendre les belles ivresses de la vie à deux, son divin petit Château-Frayé...

IV

15

En quittant le train de la Grande Ceinture pour faire à pied, car on ne l'attendait pas, les deux ou trois kilomètres qui le séparaient de chez lui, du Bréau se trouva devant des chemins obscurs et un ciel sans nuages où le jour s'éteignait, tandis qu'à de longs intervalles des éclairs livides, déchirant l'horizon silencieux, signalaient la fin de l'orage. Dans sa hâte d'arriver, il avait pris la *route morte*, pleine d'ornières boueuses et d'herbes folles, encore ruisselantes. Ensuite il coupa court à travers des champs saccagés, ravinés, dont l'orage avait fait des paquets de goémon, mouillés et glissants. Soudain, au bout d'une terre de labour fraîchement moissonnée et pleine d'eau, où ses bottes flaquaient, s'embourbaient comme dans une mare, la longue cheminée de

....

la raffinerie se dressa sur le crépuscule et, un moment après, François du Bréau, cherchant à tâtons dans l'angle du portail la chaîne de la cloche, la secoua joyeusement.

Oh! l'odeur des citronniers après l'averse, la cour sablée à neuf, étincelante et nette, devant le vieux logis Louis XV tout en longueur, où couraient des lumières. Après le noir du dehors, ce fut d'une intimité subite et délicieuse. Comme il franchissait le perron, une persienne s'entr'ouvrit doucement à l'étage :

— Monte vite... Je suis près de l'enfant.

— Est-ce qu'elle est malade?

— Non..., rien.

Dans le *mezza voce* de la mère, il y a un velouté, un

accent de bonheur qui le rassure tout de suite.

En s'arrêtant au vestibule pour quitter ses vêtements trempés, ses chaussures lourdes de vase, il a vu un coin de

....
salle à *manger tout allumée*, deux couverts qui attendent en face l'un de l'autre sur la nappe éclatante et fleurie. Maintenant, vite l'escalier; une grande chambre, une autre plus petite que baigne la vague lumière bleue d'une lampe de nuit. Et, dans cette flottante poussière sidérale dont tout s'imprègne à l'entour, il s'avance vers le petit lit de claire mousseline près duquel sa chère femme est debout, l'appelle d'un geste tendre...

Ce qu'il met d'élan passionné, de ferveur reconnaissante dans cette première étreinte, ce qu'il étouffe de sanglots, d'aveux inexprimés, il semble qu'elle l'ait compris au ton apitoyé dont tout bas elle le console... La mauvaise journée qu'il a dû passer, le pauvre ami! C'est si triste de voir partir ce qu'on a connu... on dirait que cela vous emporte un peu de vous-même... Pour elle non plus, l'après-midi n'a pas été gai. La petite se plaignait, avait la peau brûlante... puis, vers le soir, la fièvre est tombée; les joues sont redevenues bonnes, et, maintenant, elle dort, si calme, si fraîche...

— Tiens, regarde.

La mère écarte le rideau, et pendant qu'ils sont là, tous deux penchés sur cette chair d'enfant, nacrée, veloutée, à la pulpe plus tendre que le plus beau fruit, pendant que leur souffle se mêle au léger friselis de cette petite bouche entr'ouverte, doucement la mousseline se referme, les enveloppe tous les trois du retombement de ses plis légers. Qu'on est bien, que tout le reste est loin ; quel repos dans l'oubli du monde !

☆

Imprimerie des Nouvelles Collections Guillaume
E. GUILLAUME, DIRECTEUR
Borel. — 110, avenue d'Orléans, Paris.

☆

Extrait du Catalogue
des
Nouvelles Collections Guillaume

❦

Collection "Lotus bleu"
Format 7 × 14

Prix : 1 franc le volume

❦

A. DAUDET .	*Contes d'Hiver*	1 v.
EMILE ZOLA .	*Pour une Nuit d'Amour*	1 v.
A. DAUDET .	*Trois Souvenirs*	1 v.
DE GONCOURT	*Première Amoureuse* .	1 v.
A. DAUDET .	*L'Enterrement d'une*	
	Étoile	1 v.

23 Février 78

"Collection Chardon bleu"
Format 8 × 15,5
Prix : 2 fr. 50 le volume

G. KELLER. .	Roméo et Juliette au Village	1 v.
F. RAMBERT .	La Batelière de Pus-tunen	1 v.
CHERBULIEZ .	Le Roi Apépi	1 v.

"Collection Papyrus"
Format 8,5 × 16,5
Prix : 3 francs le volume

J.-H. ROSNY .	Les Origines	1 v.
Textes Originaux.	Egyptiens et Sémites .	1 v.
HOMÈRE . . .	L'Iliade	2 v.

Le *Carillon Illustré*, bulletin périodique et bibliographique des *Nouvelles Collections Guillaume* est envoyé gratuitement à tous les acheteurs de nos *Papyrus* et *Chardon bleu*. Voir à la fin de chacun des volumes de ces collections, la feuille donnant droit à l'abonnement.

www.ingramcontent.com/pod-product-compliance
Lightning Source LLC
Chambersburg PA
CBHW060203100426
42744CB00007B/1148